DE LA

GRAVURE HÉLIOGRAPHIQUE

DE LA

GRAVURE HÉLIOGRAPHIQUE

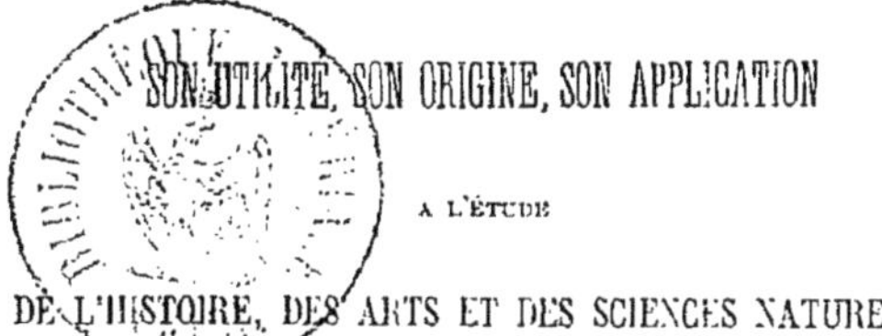

SON UTILITÉ, SON ORIGINE, SON APPLICATION

A L'ÉTUDE

DE L'HISTOIRE, DES ARTS ET DES SCIENCES NATURELLES

Mémoire présenté au Congrès Scientifique de Nice

PAR

CHARLES NÈGRE

PEINTRE D'HISTOIRE

Professeur de dessin au Lycée Impérial de Nice

NICE

TYPOGRAPHIE DE V.-EUGÈNE GAUTHIER ET COMPAGNIE

—

1866

DE LA GRAVURE HÉLIOGRAPHIQUE

La gravure héliographique, ou photographique, consiste à obtenir sur des plaques en métal poli, telles que : acier, cuivre, les images produites, dans la chambre noire, par la photographie, et à graver ces images sur le métal, à l'aide de la lumière et d'agents chimiques seulement. Livrées ensuite à l'imprimeur en taille-douce, ces plaques, ainsi gravées, peuvent fournir des milliers d'exemplaires réunissant la finesse et la précision des épreuves photographiques, à la fermeté et à la profondeur des teintes de la gravure. Ces épreuves, obtenues par l'encre d'imprimerie, sont ainsi rendues indestructibles, et rentrent dans les conditions des livres imprimés.

La gravure héliographique et la photographie formant deux parties distinctes, mais inséparables, d'un même art, il est nécessaire de parler alternativement de l'une et de l'autre de ces deux parties.

La photographie a fait bien des progrès depuis le jour où Daguerre présenta ses premières images, déjà si parfaites, obtenues dans la chambre noire, sur des plaques métalliques. Cette nouvelle forme de l'art, dont les ressources ont été étudiées, a reçu, depuis, des applications nombreuses et variées ; aussi les résultats photographiques étant universellement répandus, personne aujourd'hui n'ignore que ces images merveilleuses sont produites ou, si l'on veut, dessinées par la lumière.

La gravure héliographique, qui doit être considérée comme le complément indispensable de la photographie, est moins connue jusqu'à présent ; son utilité a été moins directe, et on a cru d'abord qu'arrivée à un tel dégré de perfection, la photographie seule pourrait répondre à tous les besoins.

L'utilité de la photographie est toutefois enfermée dans des bornes étroites ; si elle peut suffire aux exigeances du moment, elle ne peut pas satisfaire tous les besoins nouveaux qu'elle a fait naître. De plus, il est aujourd'hui avéré que ces magnifiques images portent en elles un germe de destruction, qui les altère et les fait même disparaître complétement, dans un temps quelquefois fort court.

La photographie laisse donc, après elle, un vide que la gravure héliographique doit combler, quand son utilité démontrée se fera mieux sentir.

Entouré de mystères, voyant sans cesse des effets dont il ignore les causes, l'homme cherche à percer

les ténèbres qui entourent son esprit; au moyen de
l'intuition, de l'observation et du raisonnement, flam-
beaux divins que la Providence a mis à la disposition
de notre intelligence, les lois qui régissent les phéno-
mènes de la nature sont enfin dévoilées. Maître d'une
puissance nouvelle, l'homme ne tarde pas à se l'appro-
prier, et les applications utiles suivent de près les découvertes et les combinaisons de la pensée.

Toutes les conquêtes de l'esprit sont ainsi marquées
par un progrès dans la voie des applications utiles.
Mais une application nouvelle ne peut surgir que quand
sa place a été progressivement préparée et marquée

Parmi les faits accomplis, nous voyons, dans l'origine
des temps, l'homme communiquer avec ses semblables
et transmettre ses pensées au moyen de la marche et
de la portée, très-limitée, de la voix; plus tard, avec
certains signaux convenus, tels que les feux, il transmet
au loin un petit nombre d'idées; le télégraphe aérien
devient un progrès immense! Les moyens de locomotion se perfectionnant aussi peu à peu, il semble un
instant qu'à l'aide des chemins de fer, le corps pourra
parcourir l'espace plus rapidement que la pensée. C'est
alors que le génie humain prouve combien son essence
immatérielle fait peu de cas des distances et de la
résistance des choses : il crée le télégraphe électrique.

La transmission instantanée de la pensée, la rapidité
de locomotion, qui rend les déplacements faciles, amè-

nent des besoins nouveaux, que la photographie doit satisfaire.

Si la pensée se transmet instantanément à de grandes distances par le langage écrit, la forme plastique ou le dessin : le langage des yeux, ne reste pas en arrière. Le reflet de rayon de lumière qui frappe un objet visible n'aura plus le sort éphémère que lui fait le miroir ; cette image, fixée instantanément, continuera à être visible et sera reproduite à des milliers d'exemplaires. Quelque rapide que soit le voyage, on aura pu reproduire les sites qui ont ému et les traits des amis qu'on n'a fait qu'entrevoir.

Le succès et la popularité de la photographie s'expliquent donc aisément; ce nouvel art est venu combler le vide formé par deux des plus pressants besoins de notre époque réaliste : la rapidité d'exécution et la reproduction mathématique des formes.

Mais quand les besoins et les exigences du moment étant satisfaits, la génération présente songera à transmettre ces merveilleuses images aux générations futures, elle aura recours alors à la permanence de la gravure héliographique.

Pour trouver l'origine de la photographie, il faudrait remonter jusqu'à l'origine de la chimie. La photographie est basée sur les transformations que subissent les composés d'argent, et principalement le chlorure et l'iodure d'argent, sous l'influence de la lumière ; or, d'après Arago, Fabricius, en 1566, aurait signalé le changement de couleur du chlorure d'argent blanc exposé à la lumière.

En 1802, Wedgwood publia un travail sur la reproduction des images par la lumière; il copiait au soleil le profil d'une personne dont l'ombre était projetée sur un papier sensibilisé avec le chlorure d'argent.

Trente ans plus tard, Nicéphore Niepce, de Châlons, parvint, le premier, à fixer les images formées par la lumière au foyer de la chambre noire. Il appliquait, au moyen d'un tampon sur une plaque d'étain, ou de cuivre argenté, une couche de bitume de Judée, dissous dans l'essence de lavande. Il exposait ensuite cette plaque au foyer de la chambre noire, et faisait apparaître l'image, en la soumettant à l'action d'un dissolvant composé d'huile de pétrole et d'essence de lavande, qui, enlevant le vernis partout où la lumière n'avait pas agi, n'avait aucune action sur les parties de ce vernis touchées par la lumière. La couche blanche de bitume, influencée par la lumière, représentait les grands clairs du modèle, tandis que les parties enlevées par le dissolvant et correspondant aux noirs formaient les ombres.

Niepce et Daguerre s'associèrent en 1829, afin de poursuivre ensemble leurs recherches sur la lumière.

Ce ne fut que dix ans plus tard, en 1839, et après la mort de Niepce, que Daguerre livra son admirable découverte de la production des images sur plaque d'argent.

Peu de temps après, M. Talbot présentait, à la Société royale de Londres, un procédé de photographie sur papier. M. Talbot obtenait dans la chambre noire une épreuve négative sur papier, au moyen de laquelle il pouvait obtenir ensuite un nombre considérable d'épreuves positives.

En 1847, M. Niepce de Saint-Victor, neveu de Nicéphore Niepce, parvint à enduire une feuille de verre d'une couche d'albumine et à produire ainsi des clichés donnant des images supérieures à celles produites par les clichés sur papier.

En 1851, MM. Legray et Archer remplacèrent l'albumine par une couche de collodion. Ce nouveau moyen, universellement employé depuis, permit dès lors d'obtenir dans la chambre noire des images négatives instantanées, donnant aussi des épreuves positives sur papier.

La formation des images au foyer de la chambre, depuis la plaque daguerrienne, qui donne une image directe et unique, jusqu'aux clichés négatifs employés aujourd'hui, repose entièrement sur la sensibilité extrême de l'iodure d'argent et sur les modifications qu'il subit au contact de la lumière.

Les images dites positives, imprimées sur papier par la lumière à travers le cliché négatif, obtenu d'abord dans la chambre noire, ont pour base l'influence beaucoup plus lente de la lumière sur la couche de chlorure d'argent dont le papier est recouvert. Dès que l'image est produite, le papier doit être débarrassé du chlorure d'argent, qui, n'ayant pas été touché et noirci par la lumière et ne concourant pas à la formation de l'image, continuerait à noircir sous l'influence des rayons lumineux et donnerait une surface uniformément noire. Ce papier est donc plongé dans une dissolution d'hyposulfite de soude, qui n'a aucune action directe sur le chlorure d'argent, modifié par la lumière, formant l'image; tandis que ce même sel est dissous par l'hyposulfite de soude partout où il n'a pas subi cette modification de la lumière.

L'opération du fixage, indispensable pour l'obtention de l'épreuve photographique, donne aussi naissance à l'une des principales causes qui concourent à la destruction de cette épreuve ; une partie du soufre de de l'hyposulfite se porte sur l'argent formant l'image photographique, altère cette image et la détruit même entièrement, dans un espace de temps quelquefois fort court.

Cette destruction fatale des épreuves photographiques est reconnue et avouée par les savants et les opérateurs. Tous les traités de photographie la signalent, et les essais nombreux tentés journellement pour y remédier n'ont abouti à aucun résultat véritablement satisfaisant. Si, au grave inconvénient qui vient d'être signalé, on ajoute l'incertitude accompagnant les méthodes ordinaires de tirage des épreuves photographiques, les grandes dépenses que ces tirages entraînent, l'extrême difficulté qu'on éprouve à produire un nombre d'épreuves suffisant pour satisfaire aux besoins des publications imprimées, on comprendra quelle est l'importance d'un procédé qui, en élevant la gravure au niveau de la photographie, peut faire rentrer le tirage des épreuves photographiques dans les conditions ordinaires de l'imprimerie.

L'art de graver en creux sur les métaux fut connu des anciens peuples ; les Romains, les Grecs, les Égyptiens le pratiquèrent avec le plus grand succès ; mais ils ne connurent pas l'art de multiplier les dessins gravés par l'impression sur papier.

La gravure, dans les temps anciens, au moyen-âge et jusqu'au quinzième siècle, fut subordonnée à l'orfévrerie, à l'art de ciseler, de damasquiner et de travailler les métaux. Ce fut le désir d'assurer la conservation de certains dessins précieux, tels que les plans géographiques, qui fit naître l'idée de les tracer sur des planches de métal. Charlemagne posséda trois tables d'argent enrichies par des travaux de ce genre ; il légua au pape, par son testament, une de ces plaques, sur laquelle se voyait le plan de la ville de Constantinople, gravé au burin.

Plus tard, afin de rendre les dessins plus visibles, on remplit les tailles d'une matière noire s'émaillant au feu. Les orfèvres florentins du xvme et du xvime siècle excellèrent dans ce genre de travail, qui reçut le nom de NIELLE. Ce fut un de ces orfèvres florentins, Thomas

Finiguerra, qui, en 1452, découvrit l'art d'imprimer les dessins gravés en creux sur le métal.

L'art d'imprimer les dessins gravés en relief, tels que les gravures sur bois, était pourtant connu et pratiqué, depuis longtemps, par les Indiens et les Chinois, qui l'employèrent d'abord à l'impression des dessins sur étoffe.

Albert Durer, habile graveur sur bois, né à Nuremberg, l'an 1470, employa, le premier, les réactifs chimiques pour remplacer le burin ou autres outils servant à la gravure des métaux ; les graveurs qui ont employé ces moyens, pratiqués encore aujourd'hui, étendaient sur la plaque de métal à graver un vernis isolant, formé d'essence, de bitume, de cire et de résine ; ils traçaient avec une pointe, sur ce vernis, le dessin à graver, en mettant à nu le métal dans toutes les parties formant le noir du dessin ; et ils attaquaient par un acide les parties du métal ainsi découvertes. Les œuvres de Rembrandt, d'Abraham Bosse, de Callot, de Van-Dick, montrent jusqu'à quel point de perfection certains artistes portèrent ce procédé de gravure, où le burin est remplacé par une action chimique.

Nicéphore Niepce, qui obtint, le premier, l'image photographique dans la chambre noire, au moyen du bitume de Judée, eut l'idée d'attaquer aussi par un acide la plaque de métal recouverte en partie par l'image photographique ; la couche de bitume de Judée, formant les parties lumineuses de cette image, garantissait la plaque de métal de l'action de l'acide, tandis que les parties de cette plaque non recouvertes par le bitume, et correspondant aux ombres du dessin, étaient attaquées et creusées par l'acide.

Nicéphore Niepce obtint ainsi des gravures analogues à celles produites par les graveurs à l'eau-forte, mais où le travail du dessinateur était remplacé par l'action de la lumière solaire sur la couche sensible de vernis au bitume.

Les résultats obtenus par Niepce, quoique très-remarquables, n'étaient cependant pas complets ; les parties correspondant au blanc des dessins étaient teintées par l'action de l'acide traversant le vernis dans les parties où cette action n'aurait pas dû avoir lieu. Les épreuves de gravure, obtenues par Niepce, et parvenues jusqu'à nous, montrent, en effet, ce résultat : les parties blanches de la gravure sont généralement teintées. Nicéphore Niepce nomme lui-même cette teinte *un sablé*. Le *sablé*, dit-il, est bien certainement produit par la fragilité ou la perméabilité du vernis.

On comprend que l'action réciproque de la lumière, du dissolvant et de l'eau, à laquelle la couche de bitume est alternativement soumise dans ces opérations, détruise en partie la cohésion moléculaire de cette couche. Le vernis au bitume, ainsi traité, se trouve en partie désagrégé ; l'acide, ne trouvant plus alors une résistance suffisante, attaque le métal dans les parties qui devraient être préservées par ce vernis.

Un autre inconvénient du procédé est la lourdeur et l'empâtement des noirs dans les parties formant les ombres du dessin.

Pour éviter ces inconvénients, il fallait donc ou rendre le vernis héliographique imperméable, dans le rapport, toutefois, de la valeur des teintes du dessin original (et tel a été le but des recherches de M. Niepce de Saint-Victor), ou bien cesser d'opposer ce vernis à l'action directe d'un acide.

Dès l'année 1854, convaincu que la photographie ne devait être considérée que comme un moyen transitoire pour arriver à la gravure héliographique, je m'attachai à résoudre ce problème. Après bien des tâtonnements, je me trouvai conduit à suivre une marche inverse de celle suivie jusqu'alors, c'est-à-dire qu'acceptant la désagrégation habituelle du vernis héliographique, je me basai sur cette désagrégation même, et j'utilisai sa perméabilité.

Voici quel est le procédé opératoire : la plaque d'acier, recouverte du vernis au bitume de Judée, ou d'une couche de gélatine et de bichromate de potasse, est impressionnée à la lumière du soleil, non à travers une épreuve positive transparente, ainsi que cela était pratiqué auparavant, mais à travers le cliché négatif, obtenu directement dans la chambre noire ; de sorte que la couche de vernis étant impressionnée sur les parties qui correspondent aux ombres du dessin, la plaque d'acier se trouve à découvert dans les parties correspondant aux lumières. Plongée alors dans un bain d'or, et soumise à l'action d'un courant électrique, la plaque d'acier est couverte d'une couche régulière d'or, dans toutes les parties correspondant aux lumières du dessin, où cette plaque a été mise à découvert ; tandis que les parties correspondant aux ombres, et encore recouvertes du vernis sensibilisé, ne se trouvent traversées par les molécules d'or qu'en raison de l'intensité avec laquelle la lumière a agi dans les différentes teintes et dans les reflets des ombres.

La plaque d'acier, étant dépouillée du vernis sensible, ne supporte plus alors qu'une image en or parfaitement adhérente et formant une véritable damasquinure ombrée. L'or étant inattaquable par les acides, il suffit de répandre sur la plaque d'acier une couche d'acide, étendu d'eau, pour creuser cet acier partout où il n'est pas garanti par le dépôt d'or. On forme ainsi une gravure présentant à l'impression toute la dégradation des teintes, depuis le blanc du papier jusqu'au noir le plus vigoureux ; et conservant la précision, la finesse et la pureté de dessin des épreuves photographiques.

La planche d'acier, ainsi gravée, pouvant fournir un nombre très-considérable d'épreuves sans s'altérer, on comprend quelle peut être l'utilité de ces gravures appliquées à l'étude de l'histoire, de l'archéologie, de l'histoire naturelle, et de toutes les sciences qui exigent des dessins d'une exactitude mathématique.

On ne doit pas croire pourtant que ce procédé de

gravure soit borné à la reproduction servile des objets de la nature; dans les sujets qui laissent une certaine part au pittoresque et à la fantaisie, tels que les paysages, il est possible de réunir à la précision des formes, produite d'abord par le procédé, tout le charme pittoresque que le sentiment poétique de l'artiste pourrait évoquer en face de la nature même. Au moyen de certains procédés de gravure, les planches ainsi gravées peuvent se prêter facilement à toutes les modifications ou additions que l'artiste croirait devoir ajouter à l'œuvre de la lumière : avantage immense que ne présente pas le cliché photographique.

M. Fizeau était parvenu, peu de temps après la découverte de Daguerre, à graver l'image daguerrienne sur argent ; ce procédé, qui a donné des résultats d'une grande finesse, n'a pas été suivi, la planche gravée ne pouvant fournir qu'un nombre d'épreuves très-restreint.

En 1853, M. Talbot, à qui l'on doit déjà la découverte des clichés photographiques sur papier, fit breveter, en Angleterre et en France, un procédé de gravure sur acier, ayant pour base l'action de la lumière sur le bichromate de potasse, mêlé à une matière organique, telle que la gélatine et les gommes. Cette propriété du bichromate de potasse fut utilisée ensuite, en Angleterre, par M. Pretsch ; mais ces procédés de gravure n'ont pas été suivis.

L'emploi de la gélatine et du bichromate de potasse a aussi donné naissance, en France, à un procédé de tirage des épreuves photographiques, au moyen de la poudre de charbon, et à un procédé de photolithographie. Sans établir de parallèle entre le procédé de photolithographie et le procédé de gravure sur acier, on peut cependant admettre que, même à mérite égal, au point de vue de la reproduction de l'image par la lumière, il doit y avoir entre les deux procédés la différence industrielle qui a toujours existé entre les tirages sur pierre lithographique, dont la difficulté augmente selon la finesse des détails de l'image à tirer, qui s'empâtent ou qui se dépouillent, en raison de cette finesse même, et le tirage d'une planche d'acier gravée, fournissant des milliers d'exemplaires exactement semblables à la première épreuve.

Après avoir exposé les différents procédés d'impression des images photographiques employés jusqu'à ce jour et le procédé de gravure héliographique que j'ai découvert et pratiqué moi même, puis-je me demander si j'ai résolu le problème de l'impression des images photographiques par les procédés ordinaires de l'imprimerie ? On ne peut jamais être bon juge de sa propre cause ; aussi, laisserai-je au temps le soin de répondre et de sanctionner l'œuvre, si réellement elle réunit ces conditions indispensables de vitalité : sécurité pratique du procédé, résultat artistique, utilité, économie industrielle.

Les témoignages d'approbation donnés à mes premiers résultats de gravure héliographique, par les artistes et les hommes spéciaux, m'ont encouragé à persévérer dans la voie que je venais d'ouvrir. Les jurys des Expositions universelles et internationales de Paris, Londres, Amsterdam, Bruxelles, Porto, Nice, ont jugé mes travaux utiles et ont voulu m'encourager à les poursuivre, en m'accordant, à la suite de chacune de ces Expositions, des récompenses de premier ordre : aux Expositions internationales d'art industriel de Bruxelles, les jurys m'ont décerné trois fois la première médaille d'Excellence.

S. Exc. le ministre du commerce et des travaux publics et la préfecture de la Seine ont eu recours à mon procédé de gravure héliographique. S. Exc. le ministre de l'instruction publique me chargeait, en 1858, de reproduire, par ce même procédé, quelques-uns des plus beaux détails de sculpture de la cathédrale de Chartres; la plupart de ces planches, dont quelques-unes mesurent jusqu'à 0^m 80 de hauteur, sont le produit direct du procédé.

M. le duc de Luynes, dont la science et le goût artistique sont universellement connus, vient de me confier la gravure sur acier, par mon procédé, de la collection intéressante des photographies que M. le duc a rapportées de son récent voyage en Syrie.

Ces hautes marques de confiance et d'approbation sont pour moi la plus belle récompense des efforts que j'ai tentés pour me rendre utile.

Nice. — Typ. V.-Eugène GAUTHIER et Ce, descente de la Caserne.

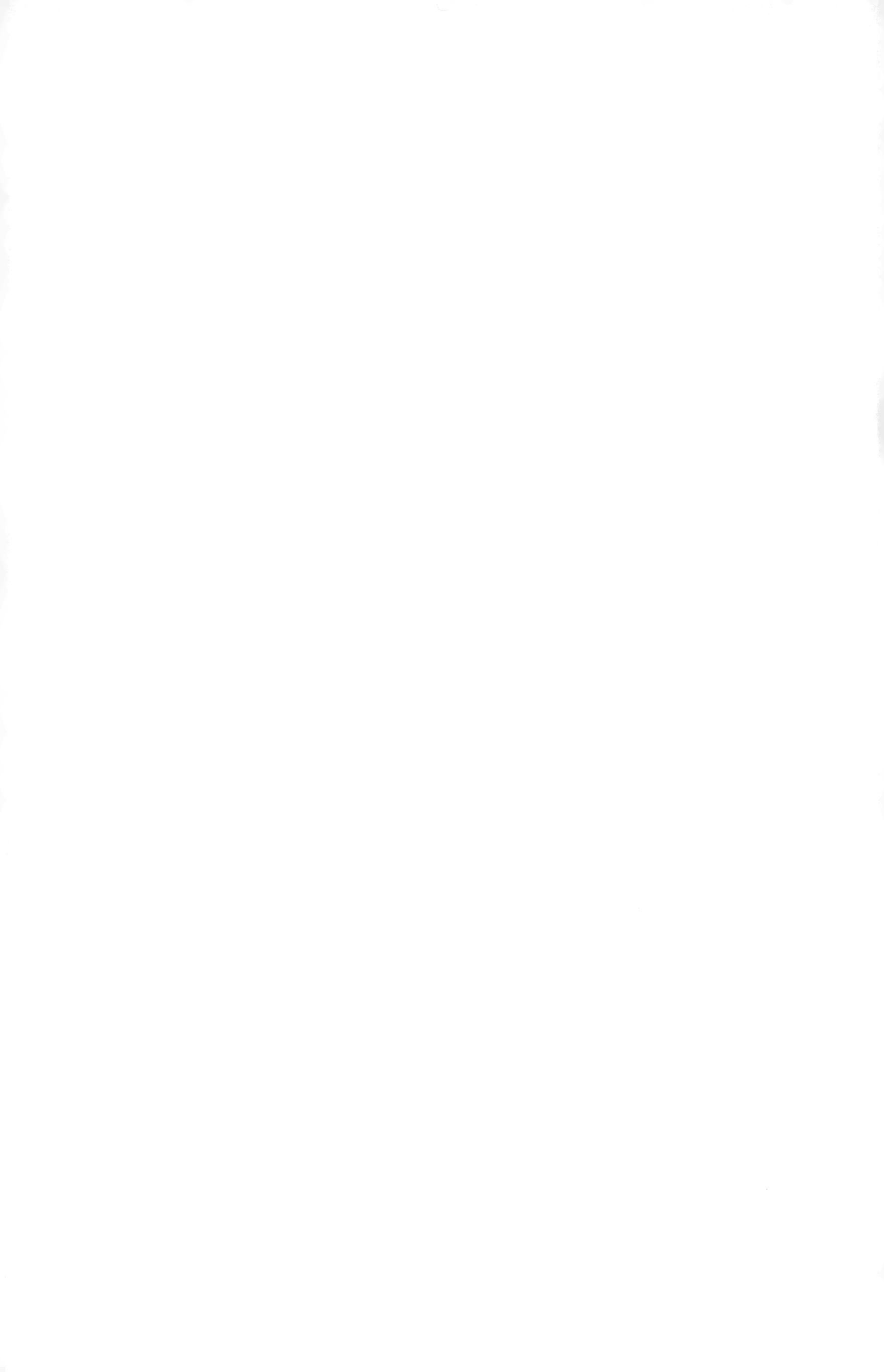